COLLECTION DUPUY-BELESNE

MONNAIES ANTIQUES

GRECQUES & ROMAINES

Monnaies Françaises, Royales et Féodales

JETONS ET MÉDAILLES

La vente aura lieu au comptant.

Les acquéreurs paieront cinq pour cent en sus des enchères.

L'exposition mettant les acheteurs à même de juger de l'état des pièces, aucune réclamation ne sera admise aussitôt l'adjudication prononcée.

M. Étienne BOURGEY, 19, rue Drouot, se charge, aux conditions habituelles (5 o/o sur la limite), des commissions qui lui seront confiées.

L'ordre du catalogue sera suivi ou non. L'expert se réserve le droit de diviser ou de réunir les lots.

L'authenticité des pièces est absolument garantie. La conservation est très soigneusement indiquée. Aucune indication n'est donnée pour les pièces de conservation ordinaire.

MACON, PROTAT FRÈRES, IMPRIMEURS.

COLLECTION DUPUY-BELESNE

MONNAIES ANTIQUES
GRECQUES ET ROMAINES
MONNAIES FRANÇAISES, ROYALES ET FÉODALES
Jetons et Médailles

VENTE AUX ENCHÈRES PUBLIQUES

A PARIS, HÔTEL DES COMMISSAIRES-PRISEURS, RUE DROUOT, 9
Salle n° 8, au 1er étage,

Le Mardi 21 et Mercredi 22 Décembre 1897
A deux heures précises.

Exposition une heure avant la Vente

<table>
<tr><td>COMMISSAIRE-PRISEUR :</td><td>EXPERT :</td></tr>
<tr><td>Me MAURICE DELESTRE</td><td>M. ÉTIENNE BOURGEY</td></tr>
<tr><td>5, rue Saint-Georges</td><td>19, rue Drouot</td></tr>
</table>

PARIS

COLLECTION DUPUY-BELESNE

MONNAIES GRECQUES

1 **Cappadoce**. *Ariarathes IV*. Drachme. Arg. TB.

2 **Athènes**. Tête de Minerve, à dr. ℞. **ΑΘΕ**. Chouette. Tétradrachme. Arg. TB.

3 **Thrace**. *Lysimaque*. Tête cornue de Lysimaque, à dr. ℞. **ΒΑΣΙΛΕΩΣ ΛΥΣΙΜΑΧΟΥ**. Pallas assise, à g. Tétradr. arg. B.

4 **Syrie**. *Démétrius Soter*. Tête du Roi, à dr. ℞. **ΒΑΣΙΛΕΩΣ ΔΗΜΗΤΡΙΟΝ ΣΩΤΗΡΟΣ**. La Fortune assise, à g. Tétradr. arg. B.

5 *Antiochus Evergetes*. Tête imberbe du Roi, à dr. ℞. **ΒΑΣΙΛΕΩΣ ΑΝΤΙΟΧΟΥ ΕΥΕΡΓΕΤΟΥ**. Pallas debout, à g., tenant une victoire, une lance et un bouclier, **ΔΙ** en monog., le tout dans une couronne. Arg. Tétradr. B.

6 *Antiochus VIII*. Tête imberbe du Roi, à dr. ℞. **ΒΑΣΙΛΕΩΣ ΑΝΤΙΟΧΟΥ ΕΠΙΦΘΑΝΟΥΣ**. Jupiter nu, deb. à g., un croissant sur la tête, une étoile sur la main droite étendue, et tenant une haste de la gauche. Arg. Tétrad. B.

7 — Tête imberbe du Roi, à dr. ℞. **ΒΑΣΙΛΕΩΣ ΑΝΤΙΟΧΟΥ ΕΠΙΦΑΝΟΥ**. Jupiter assis, à g., et tenant une victoire. Arg. Tétradr. TB.

8 **Tyr**. Tête d'Hercule, à dr. ℞. **ΤΥΡΟΥ ΙΕΡΑΣ ΑΣΙΛΟΥ**. Aigle. Arg. Tétradr. B.

9 Monnaies grecques arg. 10 pièces variées. B. et TB.

10 **Panorme**. Tête de Cérès, à g. ℞. Cheval, à dr. Statère d'électrum. TB.

MONNAIES ROMAINES

11 **République**. Tête de Mercure coiffé du Pétase ailé ; dessus, deux points. R⁄. ROMA. Proue de navire ; dessous, deux points, sextans. Bab : 18 ; br., jolie pièce, patine vert bleu.

12 Tête d'Hercule coiffée de la peau du Lion ; derrière, trois points. R⁄. ROMA. Proue de navire et trois points. Quadrans. Bab. 29. Br. Jolie pièce.

13 Tête laurée de Janus. R⁄. Jupiter dans un quadrige ; dessous : ROMA en creux. Arg. Double denier. Bab. p. 21, n° 23. TB.

14 *Anonymes*. Tête de Rome, à dr. R⁄. ROMA. Les Dioscures au galop. Arg. Bab. 2. FDC.

15 Tête de Rome. R⁄. Victoire dans un bige ; dessous, ROMA. Arg. Bab. 6. FDC.

16 Tête de Rome. R⁄. ROMA. Les Dioscures ; au-dessus, un croissant. Arg. Bab. 20. TB.

17 Même type. Un gouvernail sous les Dioscures. Arg. Bab. 20. TB.

18 Même type. Une truie sous les Dioscures. Bab. 20. B.

19 *Aburia*. Denier. Bab. 1. — *Aemilia*. Bab. 8 et 10. Ensemb. 3 p. TB. et FDC.

20 *Afrania*. Tête de Rome, à dr. R⁄. S.AFRA ROMA. Victoire dans un bige. Arg. Bab. 1. FDC.

21 *Atilia*. Tête de Rome. R⁄. SAR ROMA. Victoire dans un bige. Arg. Bab. 1. FDC.

22 Tête de Rome, à dr. R⁄. M.ATILI ROMA. Les Dioscures. B. 9. FDC.

23 *Caecilia*. Q.METEL.PIVS. Tête laurée et barbue de Jupiter, à dr. R⁄. SCIPIO IMP. Éléphant, à dr. R⁄. 47. FDC.

24 *Claudia*. Tête d'Apollon, à dr. R⁄. Diane Lucifera debout. Bab. 15. FDC.

25 *Cornelia*. Tête de Rome, à dr. R⁄. P SVLA.ROMA. Victoire dans un bige. Bab. 1. FDC.

26 — L SVLLA. Tête de Vénus, à dr. ; devant, Cupidon. R⁄. IMPER ITERVM. Praefericulum et lituus entre deux trophées. Arg. Bab. 29. TB.

27 *Cornélia*. Buste du génie du peuple romain. Arg. Bab. 54. TB.

28 — S.C. Tête d'Hercule jeune. R⟲. Globe terrestre entre quatre couronnes. Arg. Bab. 62. TB.

29 — Tête de Jupiter jeune. R⟲. Jupiter nu sacrifiant sur un autel. Arg. Bab. 65. TB.

30 — Tête de Vénus. R⟲. Trois trophées, lituus et praefericulum. Arg. Bab. 63. TB.

31 *Cossutia*. SABULA. Tête de Méduse, à g. R⟲. L COSSUTI C F. Bellérophon monté sur Pégase. Arg. Bab. 1. B.

32 *Décimia*. Tête de Rome. R⟲. FLAUS ROMA. Diane dans un bige. Arg. Bab. 1. FDC.

33 *Fabia*. Corne d'abondance. Bab. 5. — *Herennia*. Amphinomus portant son père. Bab. 1. Ens. Arg. 2 p. TB.

34 *Julia*. Tête casquée de Mars. Bab. 4. — Tête de Cérès, à dr. Bab. 16. — Pontife conduisant deux bœufs au labour. Bab. 156. 3 p. TB.

35 *Junia*. Tête de Rome. R⟲. C IVNI C F ROMA. Les Dioscures. Bab. 1. FDC.

36 — ALBINUS BRUTI F. Mains jointes tenant un caducée. Bab. 25. TB.

37 Tête de Brutus l'ancien. R⟲. Tête d'Ahala. Bab. 30. TB.

38 *Juventia*. C. TALN ROMA. Victoire dans un bige. Bab. 17. TB.

39 *Licinia*. P. NERVA. Le vote. Arg. Bab. 7. TB.

40 *Lucretia*. CN LUCR ROMA. Les Dioscures. Bab. 1. TB.

41 *Maiania*. C. MAIANI ROMA. Victoire. Arg. Bab. 1. FDC.

42 *Marcia*. Q MARC ROMA. Les Dioscures. Arg. Bab. 1. FDC.

43 *Memmia*. Bab. 10. — *Minucia*. Bab. 19. — *Naevia*. Bab. 6. — *Nonia*. Bab. 1. Ens. 4 p. TB. et FDC.

44 *Pedania*. COSTA LEG. Tête de la Liberté. R⟲. BRUTUS IMP. Trophée. Arg. Bab. 1. TB.

45 *Pinaria*. Tête de Rome. R⟲. NATA ROMA. Victoire dans un bige. Bab. 1. — Même type avec NAT ROMA. Bab. 2. Ens. 2 p. FDC.

46 *Poblicia*. C POBLICI.Q.F. Hercule étouffant le lion. Arg. Bab. 9. TB.

47 *Pompeia*. Le Phare de Messine. Arg. Bab. 22.

48 *Pomponia*. Clio debout, à g. Arg. Bab. 11. TB.

49 *Porcia*. PROVOCO. Citoyen romain et guerrier suivi d'un licteur. Arg. Bab. 4. TB.

50 *Postumia*. Lévrier courant. Bab. 9. — Mains jointes et Caducée. Bab. 10. — *Procilia*. Bab. 1. Ens. 3 p. Arg. TB. et FDC.

51 *Quinctilia*. Tête de Rome, à dr. R⁄. s.x.q roma. Les Dioscures. Arg. B.

52 *Rénia*. Bige de boucs. Bab. 1. — Saufeia. Bab. 1. Ens. Arg. 2 p. FDC.

53 *Scribonia*. Tête de Rome, à dr. R⁄. c scr roma. Les Dioscures au galop, à g. Arg. Bab. 1. FDC.

54 *Sempronia*. pitio. Tête de Rome. R⁄. l semp.roma. Les Dioscures. Arg. Bab. 2. FDC.

55 *Sergia*. Cavalier galopant, à g. Bab. 1. Arg. TB.

55 bis *Valeria*. Bab. 8. — aciscvlvs. Tête d'Apollon Soranus, à dr. R⁄. l valerivs. Valérie assise sur une génisse marchant, à dr. Bab. 17. Ens. Arg. 2 p. TB.

56 **Empire**. *Jules César*. Tête voilée de César, à dr. R⁄. p sepvl-livs macer. Vénus deb., à g., portant une victoire. Coh. 39. Arg. B.

57 caesar imper. Tête laurée, à dr. R⁄. Le même. Coh. 42. Arg. TB.

58 *Octavie et Marc Antoine*. m.antoninvs.imp⁻.cos design.iter et tert. Tête de Marc Antoine, à dr., dans une couronne de lierre et de raisins. R⁄. iii.vir r.p.c. Tête d'Octavie, à dr., sur la ciste mystique autour de laquelle sont enroulés deux serpents. Médaillon d'arg. fr. en Asie. Coh. 2. TB.

59 Autre exemplaire de la même pièce. B.

60 Même légende. Têtes accolées, à dr., de Marc Antoine et d'Octavie. R⁄. iii.vir.r.p.c. Bacchus debout sur la ciste mystique. Médaillon d'argent. Coh. 3. AB.

61 *Auguste*. Tête, à dr. R⁄. ob civis servatos. Couronne de chêne et bouclier. Coh. 213. Arg. TB.

62 *Claude*. ti claud.caes.aug. Sa tête nue, à g. R⁄. dian ephe. Diane d'Éphèse debout dans un temple à quatre colonnes. Médaillon d'arg. Coh. 30.

63 *Othon*. Tête, à dr. R⁄. pont max. L'Abondance debout. Coh. 11. Arg. AB.

64 imp otho caesar avg tr p. Sa tête nue, à dr. R⁄. secvritas p.r. La Sécurité debout, à g., tenant une couronne et un sceptre. Arg. Coh. 15. TB.

65 *Vitellius*. Vesta assise, à dr. Coh. 72. Arg. TB.

66 *Trajan*. La paix debout. Coh. 292. — Mars marchant, à dr. Coh. 270. Ens. Arg. 2 p. FDC.

67 *Adrien*. L'Espérance tenant une fleur. — Rome assise, à g.
Ens. Arg. 2 p. FDC.

68 *Antonin*. Bucher. Coh. 164. — L'Abondance debout. Coh.
286. Ens. Arg. 2 p. FDC.

69 *Marc Aurèle*. Coh. 39. 516. 522. Ens. Arg. 3 p. TB. et
FDC.

70 *Faustine jeune*. Junon debout. Coh. 139. — La santé assise.
Coh. 196. Ens. Arg. 2 p. TB.

71 *Diaduménien César*. M.OPEL ANT DIADUMENIAN CAES. Buste, à
dr. SPES PUBLICA. L'Espérance debout. Arg. Coh. 21. B.

72 *Julia Paula*. IVLA PAVLA AVG. Buste, à dr. R⊱. CONCORDIA. La
Concorde assise, à g. Arg. Coh. 6. TB.

73 *Alexandre Sévère*. Jupiter Propugnator. Coh. 77. — La Providence debout. Coh. 161. — L'Espérance publique. Coh.
543. Ens. 3 p. Arg. FDC.

74 *Caracalla*. Le soleil debout. Coh. 287. Grand denier. TB.

75 *Julia Mamée*. La Félicité publique. Coh. 19. — Vénus
debout. Coh. 60. Ens. 2 p. FDC.

76 *Maximin*. La Foi militaire. Coh. 7. — La Providence
debout. Coh. 77. — La Paix debout. Coh. 31. Ens. Arg.
3 p. FDC.

77 *Balbin*. IMP CAES D.CAEL BALBINVS AVG. Son buste radié, drapé
et cuirassé, à dr. R⊱. CONCORDIA AVGG. Deux mains
jointes. Arg. Coh. 3. FDC.

78 Même avers. R⊱. PIETAS MVTVA AVGG. Mains jointes. Arg.
Coh. 17. FDC.

79 *Pupien*. IMP CAES CLOD PVPIENVS AVG. Buste radié, à dr. R⊱.
AMOR MVTVVS AVGG. Mains jointes. Arg. Coh. 1. FDC.

80 Même avers. R⊱. PAX PVBLICA. La Paix assise, Coh. 22. B.

81 *Hostilien*. C VALENS HOSTIL MES.QVINTVS.N.C. Buste radié, à
dr. R⊱. MARTI PROPVGNATORI. Mars tenant un bouclier et
une lance. Coh. 15. TB.

82 *Émilien*. IMP CAES AEMILIANVS.P.F.AVG. Buste radié, R⊱. IOVI
CONSERVAT. Jupiter protégeant Émilien. Coh. 17. TB.

83 *Mariniane*. DIVAE MARINIANAE. Buste voilé, à dr. R⊱. CONSE-
CRATIO. Paon, enlevant l'Impératrice. Bill. Coh. 14. TB.

84 *Lélien*. IMP.C LAELIANVS P F AVG. Buste radié, à dr. R⊱. VIC-
TORIA AVG. Victoire courant, à dr., tenant une couronne
et une palme. Coh. 4. FDC.

85 *Marius*. IMP C MARIVS P F AVG. Buste radié et drapé, à dr. R⊱.
SAEC FELICITAS. La Félicité debout. Coh. 13. FDC.

86 *Marius*. R⃪. VICTORIA AUG. Victoire allant à g. Coh. **21**. TB.

87 *Macrien*. SOL INVICTU. Coh. **12**. AB. ébréché.

88 Probus, Dioclétien, Maximien, Carin, etc. p. br. fr. à Lyon. 12 p. TB.

89 Tétricus père, Tétricus fils, Victorin. p. br. TB. 6 p.

89 *bis*. Monnaies romaines non cataloguées.

MONNAIES GAULOISES

90 **Marseille**. Obole avec MA dans une roue. Arg. 3 p. TB.

91 **Allobroges**. Tête laurée, à dr. R⃪. Chamois, à dr. De la Tour, 2881. Arg. B.

92 Tête, à dr. R⃪. Chamois, à dr. ; dessous, rameau (2882). Arg. TB.

93 Tête, à g. R⃪. Chamois, à g. (2888). Arg. TB.

94 Tête, à g. R⃪. Cheval à g. (2895). Arg. TB.

95 Tête, à g. R⃪. Chamois, à g. ; dessous, rameau (2896). Arg. TB.

96 Tête, à g. R⃪. IANAS (Vienne). Cheval, à g. ; dessous, roue (2904). Arg. 2 p.

97 Tête casquée, à g. R⃪. Hippocampe, à g. (2924). Arg. TB.

98 **Ligue contre Arioviste**. Tête casquée, à dr. ; devant, DURNACOS. R⃪. AUSCRO. Cavalier, à dr. (5762). Arg. 3 p. TB.

99 DVRNACOS. Tête, à dr. R⃪. DONNUS. Cavalier, à dr. (5795). Arg. 2 p. TB.

100 BRI. Tête casquée, à dr. R⃪. BRI. Cavalier, à dr. (5803) Arg. TB.

101 BR. Tête, à dr. R⃪. COMA. Cavalier (5820). Arg. TB.

102 BR. Tête, à dr. R⃪. CNV. Cavalier (5836). Arg. TB.

103 *Calistix Chef*. Tête, à dr. R⃪. CAL. Cavalier (5859). Arg.

104 **Bituriges Cubi**. Tête, à g. R⃪. Cheval, à g. ; au dessus, une épée ; dessous, une rouelle (4092). Arg.

105 La même. Une étoile sous le cheval (4097). Arg. FDC.

106 La même. Point centré sous le cheval (4106). Arg. 2 p. B. et TB.

107 Tête, à g. R⃪. Cheval, à g. ; dessus, un sanglier (4108). Arg. 2 p. TB.

108 Même tête. R⫽. Cheval, à g. ; dessus, point centré (4117).
Arg. TB.

109 Tête, à g. R⫽.CAMBOTRE. Cheval, à g. ; dessus, une épée
(4131). Arg. TB.

110 Tête, à g. R⫽. CAM. Cheval, à g. ; au-dessus, branche d'arbre
(4139). Arg. TB.

111 La même, sans légende. Arg. TB.

112 **Pictons**. Tête, à dr. R⫽. Cavalier, à dr. ; dessous, fleuron
(4446). Arg. B.

113 *Virotal chef*. Tête, à g. [VIROTAL]. Guerrier debout, de face
(4484). Arg.

114 **Volques Tectosages**. (3231 et 3433). Arg. 2 p.

115 **Petrocori**. *Actectorix Chef* ATECTORI. Tête nue, à dr. R⫽.
Taureau, à dr. (4349). Br. TB.

116 **Éduens**. Tête, à dr. Aurige dirigeant un cheval dont les
jointures sont faites de points ; trident sous les jambes du
cheval. A l'exergue, le mot ΘΙΛΙΠΠΟΥ dénaturé (var. de
4837). Statère d'or. TB.

117 Tête, à g. R⫽. Cheval, à g. (5053 et autres). Arg. 12 p.,
toutes différentes, quelques-unes avec légende. TB.

118 **Arvernes**. Tête, à dr. R⫽. Bige, à dr. ; globules devant la
tête du cheval ; dessous, monogramme dégénéré (5854).
Electr. TB.

119 **Bellovaques**. Tête laurée, à dr., à grande chevelure frisée.
R⫽. Bige, à dr. ; dessous, une rosace (7878). Or. TB.

120 Même tête, à g. R⫽. Bige, à g. ; dessous, rosace (7886). Or.
TB.

121 **Morins**. Avers uniface, traversé par une baguette et dentelé
sur les bords. R⫽. Cheval désarticulé, à dr. ; dessus et
dessous, globes et croissants (8717). Statère d'or pâle.
TB.

122 *Imitations des tétradrachmes de Macédoine*. Tête, à dr., sans
menton, ceinte d'un diadème à deux rangs de perles.
R⫽. Cavalier sans bras, sur un cheval, à dr., avec des
entraves aux pieds (9618). Arg. TB.

123 Lot de 10 gauloises. Arg.

124 Lot de 15 gauloises. Arg.

MONNAIES MÉROVINGIENNES

125 **Orléans** (*Maurinus monétaire*). + MAURINUS MONETARI. Tête diadémée, à dr. ; croisette. R⁄. AURELIANIS CIVI. Croix sur trois degrés et ornée de globules. Or. Triens. TB.

126 **Rodez** (*Vindemius monétaire*). Tête diadémée, à dr. ; devant, un losange. R⁄. VENDEMIUS MONET. Monogramme de Rutenis. Or. Triens. TB.

127 **Bannassac.** *Sigebert, roi.* + SIGIS. Tête, à dr. R⁄. CAVALE-TANO. Calice. Arg. B.

MONNAIES CAROLINGIENNES

128 **Charlemagne.** *Bourges.* + BITURICAS. Monogr. R⁄. + CAR-LUS REX FR. Croix cantonnée. Arg. B.

129 **Louis le Débonnaire.** *Bourges.* + BITURIGES en deux lignes. R⁄. + HLUDOVICUS IMP. Croix. Denier arg. FDC. Rare.

130 *Sens.* + HLUDOVICUS IMP. Croix. R⁄. SENONES en deux lignes. Denier. Arg. FDC. Rare.

131 XPISTIANA RELIGIO. Denier au temple. TB.

132 **Charles le Chauve.** *Chartres.* + CARNOTIS CIVITAS. Arg. B.

133 *Curtisson.* + ⊢ CURTISAONIEN. Arg. TB.

134 *Laon.* + LUGDUNI CLAVATI. Arg. TB.

135 *Le Mans.* + CINOMANIS CIVITAS. Arg. TB.

136 *Melle.* + MET+VLLO. Arg. TB.

137 *Orléans.* + AURELIANIS CIVITAS. Arg. TB.

138 *Paris.* + PARISII CIVITAS. Arg. TB.

139 *Reims.* + REMIS CIVITAS. Arg. TB.

140 *Rennes.* + HREDONIS CIVITAS. Arg. FDC.

141 *Tours.* + TVRONES CIVITAS. Arg. TB.

142 **Charles le Gros.** *Bourges.* + BITURIGES CIVIT. Arg. TB.

143 *Nevers.* + NEVERNIS CIVIT. Arg. TB.

144 **Eudes.** *Angers.* + ANDEGAVIS CIVITAS. Arg. TB.

145 *Blois.* + BLESIANIS CASTRO. Arg. TB.

146 *Limoges.* + LIMOVICASCVS. Arg. B.

147 *Orléans.* + AURELIANIS CIVITAS. Arg. TB.

148 *Tours.* + H TVRONES CIVITAS. Arg. TB.

149 *Troyes.* + TRECAS CIVI. Arg. AB.

150 **Charles le Simple.** *Melle.* Denier et obole. Arg. TB. 2 p.

151 **Lothaire.** *Bourges.* BITVRIGES CIVITAS. Temple. Arg. TB.

152 *Pavie.* PAPIA en une ligne dans le champ. Arg. TB.

153 **Louis IV d'Outremer.** *Langres.* LINCONIS CVT. Croix. R⟂. HLUDOVVICVS. Monogr. dégénéré. Arg. TB.

154 **ROIS CONTEMPORAINS.** *Canut.* + CVN.NET·.·TI·.· Croix. Arg. FDC.

155 **Henry le Noir.** *Lyon.* + HENRICVS. Croix. R⟂. LUGDUNUS. Grande s dans le champ. Denier. Arg. TB.

156 *Rodolphe III.* + RODVLFVS. Croix. R⟂. LVGVDVNVS. Temple. Denier. Arg. TB.

157 Le même. Obole. Arg. TB.

158 **Hugues le Noir**? *Langres.* + HVƆOVVCS. Dans le champ, aucun signe ni monogramme. R⟂. LINƆOSCVT en légende rétrograde. Croix. Denier. Arg. Poids : 1 gr. 20. FDC. *Voyez la planche.*

> L'absence de monogramme, la gravure large et soignée, le bon aloi du métal, ne permettent pas de confondre cette pièce avec celle de Louis IV d'Outremer, ses dégénérescences.
>
> Je ne vois qu'Hugues le Noir qui ait pu, dans le milieu du xᵉ siècle, changer le monnayage de Langres, omettre le monogramme carolingien et créer un type différent de ceux ayant cours.
>
> La légende HLVDOVVCS des deniers de Louis IV devient HVƆOVVCS. La terminaison VVCS n'est là évidemment que pour faciliter la confusion et l'écoulement du numéraire.
>
> Hugues le Noir s'est enfermé dans Langres vers 940, et fut assiégé par Louis IV. Mon attribution est donc très plausible, sinon définitive.
>
> Je publierai ultérieurement et plus au long les raisons de cette attribution. Quoi qu'il en soit, cette pièce n'en est pas moins un document d'un intérêt indiscutable.

159 **Les Frisons.** HLVDOVVICVS IMP. Croix. R⟂. ARGENTINA CIVIT. Imitation du denier de Louis l'Enfant. Arg. TB.

MONNAIES CAPÉTIENNES

160 **Louis VI.** Denier de *Dreux*, de *Nevers*, d'*Orléans*, de *Pontoise.* 4 p. B et TB.

161 **Louis VII**. Denier d'*Étampes*, obole d'*Étampes* (rare), denier de *Mantes*. 3 p. B. et TB.

162 **Philippe II et Roger de Rosoi**. *Laon*. + PHILIPVS REX. Buste du roi, de face. R⁄. ROGERVS EPE. Buste de l'évêque, de face. H. 17. Arg. B.

163 **Louis IX**. *Agnel*. + AGN DI QUI TOLLI PECA MVDI MISERERE NOB. Agneau nimbé, à g., derrière une croix avec pennon ; dessous, LVD REX, le D barré. R⁄. XPC VINCIT, etc. Croix feuillue dans un quadrilobe cantonné de quatre lis. Or. H. 1. TB. *Voyez la planche*.

164 *Gros tournois à l'étoile*. Une étoile sous le second V de TVRONVS. H. 9. Arg. TB.

165 *Gros tournois*. Même type, sans l'étoile. H. 10. TB.

166 **Philippe IV**. *Agnel d'or*. Agnel nimbé, à g. ; derrière, croix avec pennon ; dessous, PH, REX. H. 1. Or. B.

167 *Gros tournois* à l'o rond et à l'o long. Arg. 2 p. TB.

168 *Double tournois, bourgeois fort, bourgois simple, maille bourgeoise*. Ens. 4 p. TB.

169 **Louis X**. *Gros tournois* à l'x cantonné de quatre points. H. 2. Arg. TB.

170 **Charles IV**. *Royal d'or*. + KOL REX FRACOR. Le roi debout sous un dais gothique. H. 2. Or. TB.

171 **Philippe VI**. *Royal d'or*. PH'S REX FRACOR. Le roi debout sous un dais. H. 1. Or. TB.

172 *Parisis d'or*. + PHILIPPUS : DEI : GRA : FRANCORUM : REX. Le Roi tenant un sceptre et une main de justice, assis sous un dais ogival, les pieds appuyés sur deux lions couchés. H. 2. Or. B. *Voyez la planche*.

173 *Écu d'or*. Le Roi assis et tenant une épée et un écu fleurdelisé. H. 3. Or. FDC.

174 *Double royal d'or*. Le Roi tenant deux sceptres et assis sous un dais. H. 11. Or.

175 *Ange d'or*. Sous un dais gothique, un ange couronné, debout sur un dragon, et tenant une croix à long pied et un écu à trois fleurs de lis. H. 12. Or.

176 *Chaise d'or*. Le Roi tenant le sceptre et la main de justice, assis sur un siège gothique. H. 14. Or. TB.

177 *Lion d'or*. Le Roi tenant deux sceptres, assis sur un siège gothique, les pieds appuyés sur un lion couché. H. 6. Or. TB.

178 **Jean le Bon**. *Mouton d'or*. Agneau pascal nimbé; derrière, croix à pennon; dessous, IOH' REX. H. 3. Or. TB.

179 *Royal d'or*. IOHANNES.DEI.GRA.FRANCORV. Le roi debout, tenant un sceptre, sous un dais gothique. H. 7. Or. B.

180 *Franc à cheval*. Le roi vêtu d'une cuirasse fleurdelisée, à cheval, au galop, à g. H. 10. Or. TB.

181 *Gros à la couronne*. FRANCORV REX autour d'une grande couronne, bordure de lis. H. 25. TB.

182 *Gros à la fleur de lis*. Grand lis couronné dans une rosace. H. 31. TB.

183 *Gros blanc*. TVRONVS CIVIS. Châtel. H. 33. TB.

184 *Gros dit patte d'oie* FRANC entre deux couronnes. H. 49. TB.

185 *Gros blanc à l'étoile*. IOHANNES REX. Croix cantonnée de deux étoiles. H. 44. Très belle conservation.

185 *bis* Autre exemplaire.

186 **Charles VI**. *Écu d'or*. Écu de France. H. 1. Or. TB.

187 *Demi-écu d'or*. Même type. H. 2. Or. TB.

188 *Agnel d'or*. Agnel, à g.; dessous, H.F.REX. H. 3.

189 *Patard*. Dauphin couronné. H. 48. — **Gênes**. *Patacchina*. H. 53. TB.

190 **Henri IV**. *Salut d'or*. La salutation angélique. H. 2. TB.

191 *Blanc aux écus*. H. 6. Fr. à Chalon.

192 **Charles VII**. *Royal d'or*. Le roi debout, tenant le sceptre et la main de justice, le champ semé de lis. Fr. à Orléans. H. 9. TB.

192 *bis* Autre exemplaire fr. à la Rochelle. Or. TB.

193 *Écu d'or*. Écu de France accosté de deux lis couronnés. Fr. à Limoges. H. 2. TB.

193 *bis* Autre exemplaire fr. à Tournai. TB.

194 *Gros blanc aux trois lis*. H. 59. — *Gros dentillé*. H. 15. Ens. 2 p.

195 *Petit blanc de 5 deniers tournois*. Deux lis sous une couronne. H. 44. TB.

196 *Denier dentillé*. H. 47. — Patard. H. 71. 2 p. TB.

197 **Louis XI**. *Écu d'or à la couronne*. Écu de France accosté de deux lis couronnés fr. à Bordeaux. H. 4. TB.

198 Autre exemplaire fr. à Saint-Pourçain. TB.

199 *Écu d'or à la couronne fr. à Perpignan*. Même type avec un P au centre de la croix du revers. H. 4. TB. Rare.

200 **Charles VIII**. *Écu d'or*. Écu de France. H. 2. B.

201 *Douzain* fr. à Chalon. H. 11. TB.

202 *Douzain* à la croix du R⳹. cantonnée de quatre lis. Fr. à Tarascon. Rare. H. 14. TB.

203 *Carolus* pour la Bretagne. — *Carolus* pour le Dauphiné. 2 p. B.

204 **Louis XII**. *Écu d'or aux porcs-épics*. Écu de France accosté de deux porcs-épics. H. 6. TB.

205 *Douzain au porc-épic pour le Dauphiné*. Écu mi-partie France-Dauphiné; à la pointe, un porc-épic à g. R⳹. Croix cantonnée de deux lis et de deux dauphins. H. 35. Fr. à Romans. TB. Rare.

206 *Douzain* de Bretagne. — Douzain du Dauphiné. — **Douzain** de Provence. — Dizain à l'L. Ens. 4 p.

207 **Milan**. *Bisonne*. Écu de France entre deux guivres couronnées. H. 94. FDC.

208 **François I**ᵉʳ. *Écu d'or* fr. à Paris. H. 4. TB.

209 *Teston*. Buste jeune couronné, à dr. R⳹. NO NOBIS etc. H. 42. Arg. TB. Fr. à Lyon.

210 *Demi-teston*. Au buste jeune coiffé d'un chaperon couronné. La lettre A brochant sur la poitrine. Arg. H. 62. **TB**.

211 *Teston*. Buste avec couronne radiée et cuirasse damasquinée. H. 81. B.

212 *Douzain* à la croisette fr. à Limoges. H. 108. B.

213 **Henri II**. *Teston au moulin*. Buste à la cuirasse damasquinée. H. 57. TB.

214 *Teston*. Buste couronné, à dr. H. 32. TB.

215 *Douzain* fr. à Limoges. — *Douzain* de Chambéry (étoile à la pointe de l'écu). *Douzain* de Villeneuve-Saint-André. 3 p. TB.

216 *Douzain* aux H. Écu accosté de deux H. R⳹ : Croix cantonnée de deux couronnes et de deux croissants. H. 80. **Rare**. B.

217 **Sienne**. *Parpaillole*. La louve allaitant Rémus et Romulus. H. 97. B. Rare.

218 **Charles IX**. Teston de 1576 fr. à Bordeaux. B.

219 **Henri III**. *Demi-franc* fr. à Poitiers. H. 23. FDC.

220 *Demi-franc* fr. à Limoges. B.

221 *Gros de Nesle du Dauphiné* fr. à Grenoble. H. 39. TB.

222 **Charles X, cardinal de Bourbon**. *Quart d'écu* fr. à Rennes. H. 8. Arg. TB.

223 *Huitième d'écu.* Même type. Rennes. H. 10. TB.

224 **Henri IV.** *Demi-franc* fr. à Limoges. H. 38. TB.

225 *Quart de franc* fr. à Orléans. B.

226 *Quart d'écu du Dauphiné.* H. 26. TB. — *Huitième* d'écu du Dauphiné. H. 27. B.

227 *Gros de Nesle du Dauphiné.* Crande H couronnée accostée de deux lis, dessous, un dauphin. H. 58. AB. Très rare.

228 *Essai d'argent du denier tournois.* H. 81. Arg. B. Rare.

229 **Louis XIII.** *Demi-louis d'or.* Tête laurée, à dr. TB.

230 *Quart d'écu* fr. à Bordeaux. B.

231 *Louis d'argent de 60 sols.* Buste lauré à col nu, les épaules drapées. H. 87. TB.

232 *Louis d'argent* de 30 sols. Même type. H. 88. B.

233 *Louis d'argent* de 15 sols. Même type. TB.

234 **Louis XIV.** *Louis d'or* à la mèche longue fr. à Angers. FDC.

235 *Louis d'or.* Tête jeune laurée, à dr., les cheveux cachant une partie du cou. H. 22. TB. Rare.

236 *Louis d'or.* Tête nue, dessous, la date, les cheveux découvrant le cou. H. 24. TB.

237 *Louis d'or.* Tête vieillie, laurée, à dr., fr. à Lyon. H. 29. TB.

238 *Double louis d'or.* Tête laurée, à dr., dessous : 1702. R⅄. Croix formée de 8 L couronnées, brochant sur le sceptre et la main de justice. H. 35. TB.

239 *Quart d'écu* fr. à Poitiers. H. 44. Arg. FDC.

240 *Écu blanc* à la mèche longue. Fr. à Bordeaux. 2 p. TB.

241 *Quart d'écu* à la mèche longue. — Quart d'écu à la mèche courte. Arg. 2 p. FDC.

242 *Écu au buste juvénile.* — Demi-écu. H. 102 et 103. Arg. 2 p. B.

243 *Écu du Parlement.* Buste cravaté, à dr., fr. à Bordeaux. TB.

244 *Écu aux Palmes.* B. — *Demi-écu aux Palmes.* FDC. 2 p.

245 *Écu aux 8* L fr. à Bordeaux. TB. — Demi-écu. Même type. TB. 2 p.

246 *Écu carambole.* Écu écartelé de France-Bourgogne.

247 *Pièce de quinze deniers.* Buste enfantin lauré, à dr. TB.

248 *Dixième d'écu* aux trois couronnes, fr. à Châlons. FDC.

249 *Dix sols.* Tête nue, à dr. H. 172. Arg. FDC.

250 *Mille livres tournois.* (Banque de Law.) La Banque promet

payer au porteur à vûe Mille livres tournois en **Espéces**
d'argent, valeur recüe. A Paris, le premier Janvier mil
sept cens vingt. *Papier.*

251 *Cent livres tournois.* Même type.

252 *Dix livres tournois.* Même type.

253 **Louis XV.** *Double louis de Noailles.* LVD.XV.D.G.ER.ET.NAV.
REX. Buste enfantin couronné à gauche, dessous : 1717.
R⅃. CHRS.REGN.VINC.IMP. Quatre écus couronnés, les
1er et 3e de France et les 2e et 4e de Navarre, disposés en
croix et cantonnés de quatre fleurs de lis. H. 6. Magnifique
pièce à fleur de coin. *Voyez la planche.*

254 *Louis d'or à la croix de Malte.* LVD.XV.D.G.FR.ET.NAV.REX.
Buste enfantin lauré, à dr. R⅃. CHRISTVS.REGNAT.VINCIT.
IMPERAT. Croix de Malte avec trois fleurs de lis au centre.
H. 11. Jolie pièce à fleur de coin.

255 *Louis d'or dit Mirliton.* LVD.XV.FR ET NAV REX. Sa tête
jeune, laurée. R⅃. CHRISTVS, etc., deux L cursives enlacées,
couronnées et entourées de palmes. H. 14. TB.

256 *Louis d'or aux lunettes.* Buste enfantin, drapé à g. H. 16.
FDC.

257 *Demi-louis d'or aux lunettes.* Même type. H. 17. TB.

258 *Demi-louis d'or au bandeau.* Tête, à g., ceinte d'un bandeau.
H. 20. TB.

259 *Écu d'argent dit Vertugadin.* Buste enfantin drapé à dr. H.
26. TB.

260 *Essai de l'écu au bandeau.* LVD.XV.D.G.FR.ET.NAV.REX.
Tête, à g., ceinte d'un bandeau. R⅃. SIT.NOMEN.DOMINI.
BENEDICTVM, 1740. Écu de France entre deux branches de
lauriers. Arg. H. 33. Très belle pièce.

261 *Demi-écu au bandeau.* Même type. H. 58. TB.

262 *Petit louis d'argent.* Buste enfantin, à dr. TB.

263 *Tiers d'écu de France.* Buste lauré, à dr., fr. à Bordeaux·
Arg. FDC.

264 *Écu à la tête vieille.* Fr. à Limoges. H. 62. TB.

265 *Deniers pour épouser.* EPOVSER. Deux mains jointes et deux
cœurs. R⅃. Incus. Arg. 10 p. très belles.

266 Monogramme chrétien, dessous, un cœur, cercle de point·
Or. Très rare en or.

267 **Louis XVI.** *Louis d'or aux Palmes.* Buste, à g., avec plaque
et cordon du Saint-Esprit. R⅃. CHRISTVS, etc. Écu de
France brochant sur le sceptre et la main de justice et
entouré de palmes. H. 1. TB.

268 *Louis aux lunettes.* Buste habillé, à g. R⁄. Écus ovales de France-Navarre, surmontés d'une couronne. H. 3. TB.

269 *Écu de six livres,* fr. à Limoges. H. 11. TB.

270 *Petit écu.* Même type. TB. — *24 sols.* B. Ens. 2 p.

271 *Écu constitutionnel,* fr. à Limoges. H. 60. FDC.

272 *Demi-écu.* — Trente sols. — 15 sols de Limoges. 3 p. B. et TB.

273 *Sol de cuivre.* Lyon. FDC. — *Trois deniers.* Lyon. TB. Ens. 2 p.

274 **République.** *Louis d'or de 24 livres.* 24 LIVRES dans une couronne de chêne; dessous, A. REPVBLIQVE FRANÇAISE. L'AN II. R⁄. REGNE DE LA LOI, 1793. Génie debout écrivant sur une table le mot constitution. Faisceaux et coq, dans le champ. FDC.

275 *Écu de 6 livres.* B.

276 *Vingt sols* de Lefèvre, Lesage & Cⁱᵉ. *Dix sols, cinq sols* des mêmes. Ens. 3 p. TB.

277 *Cinq décimes* de Robespierre. L'an II. — *Monneron* de cinq sols. Ens. 2 p.

278 REPVBLIQVE FRANÇOISE autour d'une couronne de chêne; au centre, caducée ailé surmonté du bonnet phrygien. R⁄. BORDEAVX, les rives de la Gironde. TB. Rare. — La même pièce mais frappée seulement d'un côté (l'avers), au revers, trace de la tête de Louis XVI. Cuiv. 2 p.

279 Assignats de 2000, 1000, 500, 400, 250, 125, 100, 50, 25, 10 et 5 livres, 50, 25, 15 sols, mandats territoriaux, 500 et 100 francs, assignats de Turin de 50, 25 lires. 20 p.

280 *Bonaparte,* premier consul. 2 francs de l'an XII. FDC.

281 *Francs* de l'an XII. 2 p. FDC. — *Quart de franc.* An XII. TB. 3 p.

282 **Empire.** *Décimes* de Strasbourg, années 1814 et 1815. TB. 2 p.

283 *Petite médaille d'or* fr. à l'occasion du sacre. TB.

284 *Petite médaille d'or.* Mariage avec Marie-Louise. Les deux bustes accolés. TB.

285 Petites médailles d'argent fr. à ces deux événements. 10 p. TB.

286 *32 schilling* de 1809, fr. à Hambourg par le maréchal Davoust. Arg. FDC.

287 Obsidionale d'Anvers. Dix et cinq centimes. TB. 3 p.

288 **Joseph Napoléon,** *roi d'Espagne.* IOSEPH. NAP. D. G. HIP. ET.

IND.R. Buste, à g., dessous, la date. ℞. IN.VTROQ.FELIX.
AVSPICE.DEO. Écu couronné, accosté de 320 ℞s. Autour
la toison d'or. Pièce de 320 réaux, or, très belle et très
rare.

289 *Barcelone.* BARCELONA.1813. En légende circulaire au centre,
20 PESETAS, dessous, branches de lauriers. ℞. Écu losangé
de la ville dans une couronne de chêne. Or. TB. Rare.

290 Même pièce de 1814. Or. TB.

291 *Écu* de 5 pesetas de 1809. Arg. TB.

292 *Pesetas.* 1810 et 1811. Arg. 2 p. — *4 quartos, 1 quarto.* Cuiv.
2 p. Ens. 4 p.

293 **Joacchin Napoléon**, roi des Deux-Siciles. 40 lires de 1813.
Or. TB.

294 Écu de 5 lires. Arg. TB.

295 *Louis-Napoléon*, roi de Hollande. Écu de 50 stuivers. Arg.
TB.

296 *Louis-Philippe.* 2 francs de 1846. FDC. — francs de 1831,
1839, 1846. 25 cents de 1847. Arg. FDC. 4 p. Ens. 5 p.

297 *Lombardie.* Gouvernement provisoire. 20 lires de 1847 fr. à
Milan à FDC.

298 *Cinq lires*, de 1848. Arg. FDC.

299 *Un franc* et *50 centimes* de Tunisie. Arg. 2 p. TB.

MONNAIES FÉODALES

300 **Dreux**. *Robert de France.* Deniers, 2 p. AB.

301 **Bretagne**. *François Ier ou II.* FRANCISCUS DEI GRA BRITANUM.
DUX. Le Duc cuirassé, tenant l'écu de Bretagne, et l'épée
haute, à cheval à dr. Or. TB.

302 **Angers**. *Charles II.* Obole à la clef entre deux lis, TB.
rare.

303 **Châteaudun**. *Anonymes.* Deniers et obole B. 3 p.

304 *Geoffroi V.* GAVF-RID. Châtel avec annelet au centre ; dessus
un croissant. ℞. CASTRUM DUNI. Croix. Obole. B. Rare.

305 **Deols**. *Eudes l'ancien.* Denier au monog. TB.

306 Denier à l'étoile à cinq pointes. TB.

307 **Sancerre**. Étienne Ier. Denier à la tête à dr. TB.

308 **Vierzon**. *Anonyme.* Grande fleur. ℞. VIRSIONE. TB.

309 **Selles-sur-Cher**. *Robert de Courtenai* ✛ ROBERT DE MAU.

Croix *fleurdelisée* R⁄. + SIRES DE CELLS. Croix. Variété de P.A. pl., 45, n° 5. Denier TB.

310 **Nevers**. *Mahaut II*. Denier au pal entre un lis et deux étoiles. TB.

311 **Souvigny**. *Alliance avec les seigneurs de Bourbon*. SCS MAIO-LUS. Buste mitré à droite avec la crosse surmontée d'un lis. R⁄. DNS BORBON. Croix cantonnée d'une coquille et d'une crosse. Denier fr. par Robert de Cler-mont. TB. Rare.

312 **Riom** ou **Poitiers**. *Alphonse de France*. PT OMARTIR. Main bénissante. R⁄. ALFUNSUS COES. Croix. Denier inédit. TB. *Voyez la planche*.

> « J'attribue cette pièce qui, jusqu'à présent, est restée inconnue ; à Alphonse de France. Ce prince, qui imita les types royaux, voulut profiter de la grande vogue des deniers de Besançon et monnayer à leur type. La gravure est celle des ateliers de Riom et de Poitiers, c'est donc à une de ces deux villes que je donnerais cette pièce. »

313 **Le Puy**. *Anonyme*. MONETA. Croix pattée. R⁄. SCE MANVE. Chrisme dégénéré. Denier à légende complète, rare en cet état.

314 Obole sans légende Croix et Chrisme.

315 **Montluçon**. Gui de Dampierre. Denier au monogr. TB.

316 **Provence**. *Charles Ier*. Gros Marseillais à la tête à g. B.

317 *Gros tournois*. COMES PVINCIE. Châtel fleurdelisé, bordure de lis. R⁄. CAROLVS SIL'REX. TB.

318 Salut d'argent. — Denier à la tête à g. Ens. 2 p. TB.

319 *Robert d'Anjou*. Sol Coronat. TB.

320 *Jeanne de Naples*. *Florin d'or*. + JOHANA : DEI : GRA : IHE SICIL:REG. Champ parti de Jérusalem et d'Anjou. R⁄. S.IOHANNES. B. Saint-Jean debout. Or. TB.

321 *Sol Coronat*. Arg. TB.

322 **Melgueil**. Obole avec NARBONNA et cinq annelets FDC. — Deniers au même type. 5 p., ensemble 6 p. FDC.

323 **Aquitaine**. *Édouard*. EDVARD'FILI. Léopard, à g. R⁄. + H.REGIS.ANGLIE. Croix. Denier. TB.

324 *Édouard, prince noir*. Léopard couronné, à g., dans une épicycloïde Or. B. Rare.

325 *Hardi d'or*. ED.PO ONS.REGIS.ANGLI.PNS.AQUITA. Le prince à mi-corps, de face, et tenant une épée. R⁄.AVXILLIVM. MEVM.A DOMINO.R. Croix feuillue cantonnée de deux léopards et de deux fleurs de lis. Superbe exemplaire à FDC. Or. *Voyez la planche*.

326 *Pavillon d'or.* Le roi debout sous un pavillon entre quatre plumes, et tenant une longue épée ; à ses pieds, deux lions couchés. Or. TB.

327 **Toulouse.** *Bertrand.* BERTRAN COMES. Croix cantonnée d'un annelet. R⫽. + TOLOSA CIVI. Croix entre deux annelets. Den. FDC.

328 *Alphonse de France.* THOLOSA CIVI. Châtel. R⫽. A.CO.FILIVS REC. Croix. Den. B.

329 + ANFOS COMES. Croix. R⫽. TOL OS.AC IVI en trois lignes, dessous une crosse. Den. FDC. Rare.

330 **Avignon.** *Benoît XIII.* Demi-gros. BENEDETUS XIII. Mitre dessous, croissant entre deux P. Rare. B.

331 *Urbain VIII.* Giulio, TB.

332 **Lyon.** *Demi-gros* + PRIMA SEDES. Grande L barrée entre le soleil et la lune. R⫽. GALLIARVM. Croix cantonnée d'un soleil et d'une lune. FDC.

333 Deniers et obole à l'L barrée. 3 p. TB.

334 **Vienne.** *Henri le Noir.* + VRBS VIENNA. Monogr. de Henri R⫽. S.MAVRICIVS. Croix. Den. FDC.

335 **Dauphiné.** *Humbert II.* Gros. DALPHS VIENNENS. Dauphin dans un quadrilobe. R⫽. H COMES ALBONIS. Usé et ébréché. P. A. 108. 17. Très rare.

336 HV.DALPHS VIENS. Dauphin. R⫽. COMES ALBONIS. Croix coupant la légende, cantonnée de deux dauphins. Très rare. AB.

337 *Charles Dauphin.* Gros + KAROLUS P.GE REG. croix. En lég. exter. SIT, etc. R⫽ DAPH.VIENES. Châtel, bordure de lis. B. mais ébréché.

338 **Valence et Die.** *Louis II de Villard-Thoire.* LVDOVICVS.D. VLAR ELT. Écusson surmonté d'une croix. R⫽. COMES VALETNESIS EDES. Aigle éployé. B. rare.

339 **Auxerre.** *Anonyme.* Deux pièces variées. TB.

340 **Maison de Bourgogne.** *Philippe le Hardi.* Double gros aux écus sous un aigle. B. — Double gros au lion assis. TB. Demi-gros au même type. B. Ensemble. 3 p.

341 *Jean sans Peur.* Doubles gros aux deux écus sous un heaume. 2 p. — Demi gros au même type. Ensemble. 3 p. TB.

342 *Charles le Téméraire.* Blanc au briquet. — Double briquet d'argent. Ensemble. 2 p. TB.

343 **Scodingue** + SCVTINCORV en légende rétrograde ; au centre,

COMITS en légende circulaire. R⁄. + SAVNIS B-I-I. Croix. Den. FDC.

344 **Abbaye de Saint-Médard**. Denier à l'étendard et au chef de St-Médard. B.

345 **Sens**. *Anonyme*. + SENONES. CI. Denier. TB.

346 **Troyes**. *Anonyme* au monogramme. B.

347 **Meaux et Troyes**. MELDIS CIVITAO. Monogramme carolingien. R⁄. + TRECAS CIVI. Croix. Denier. TB.

348 **Meaux**. *Étienne de la chapelle*. Denier au buste, à g. TB.

349 **Reims**. *Samson de Mauvoisin*. ARCHIEPISCOPUS. Dans le champ, SANSON en deux lignes. Denier. B.

350 *Aubri de Hauvilliers*. ARCHIEPISCOPUS. Dans le champ, ALBRICVS en deux lignes. Denier. B.

351 **Provins**. *Thibaut II*. Den. — **Meaux**. *Burchard*. Main tenant une crosse. Den. — **Troyes**. *Thibeaut II*. Den. Ensemb. 10 p.

352 **Châlons-sur-Marne**. *Guillaume II du Perche*. + GVLL'ER EPISCOPA. Dans le champ, PAX. R⁄. CATALANI CIVI. Croix cantonnée de deux besants. TB. Rare.

353 **Ponthieu**. *Gui Iᵉʳ*. + WIDO COMES. Croix. R⁄. ABBATIS VILLA. Lég. altérée et rétrogr. Croisettes et annelets.

354 *Jean Iᵉʳ*. ABBATIS VILLA. Croisettes entourées de deux lis et de deux annelets. R⁄. + IOHANNES COMES. Croix cantonnée de quatre points. B.

355 *Guillaume III*. Denier avec PON-TIV en deux lignes. B.

356 **Elincourt**. *Gui IV*. Petit gros. GUIDO COMES SCI PAVLI. Cavalier avec bouclier et drapeau, à g. R⁄. MONETA RECTA DE ELINCOURT, en lég. extér. + SIGNUM CRUCIS, en lég. intérieure. Croix. TB.

357 **Chiny**. *Arnauld III*. + MONETA DVPLEX. Dans le champ, COMI-TIS, en deux lignes sous un lis. R⁄. ARNOLDVS COMES. Croix feuillue. Billon. AB. rare.

358 **Cambrai**. *Maximilien de Berghes*. Plaque de cinq patards Arg. B.

359 *Louis de Berlaymont*. Pièce de deux patards et demi. Arg. B.

360 **Metz**. *Thierry de Boppart*. Gros à l'évêque debout. TB. — *Ville*. Gros au Saint-Étienne agenouillé. TB.

361 **Ville de Strasbourg**. NUMMUS REIP ARGENTORATENSIS. Écu soutenu par deux lions. Écu d'argent. TB.

362 **Savoie**. *Amédée V*. + AMO.COMES SABAVD. Aigle. R⁄. IN ITALIA MARCHIO. Croix. Gros d'arg. TB.

363 *Emmanuel Philibert.* EM.FILIB.D.G.DVX SABAV. Écusson avec étoile à la pointe. R℟. IN TE DOMINE CONFIDO 1576. Croix tortillée cantonnée de FERT. Ecu d'or f. à Chambéry. TB.

364 *Charles Emmanuel II et Christine de France.* Quadruple écu d'or. CHR.FRAN.CAR.EMAN.DUCES.SAB. 1647. Leurs bustes accolés. R℟. P.P.PEDEMON.REGES.CYPRI. Écu couronné. TB.

365 **Antioche.** *Boémond IV.* Denier au buste de face. TB.

366 **Jérusalem.** *Amauri Ier.* Denier au Saint-Sépulcre. TB.

367 **Chypre.** *Henri II.* HENRI.REI D. Le Roi assis de face. R℟. + IERUSAL ED CHIPR. Croix de Jérusalem cantonnée de quatre croisettes. Demi-gros d'arg. B.

368 *Hugues IV.* HUÇVE REI.DE. Même type. Un B dans le champ. Gros d'arg. TB.

369 **Tripoli.** *Boémond VI.* + CIVITAS TRIPOLI. Étoile à huit raies dans une épicycloïde. R℟. + BOEMVNDVS COMES. Croix dans un quadrilobe. Gros d'arg. TB.

370 *Boémond VII.* + CIVITAS.TRIPOLIS.SYRIE. Châtel à trois tours dans une rosace. R℟. + SEPTIMVS : BOEMVNDVS : COMES. Croix dans une rosace. Gros d'arg. TB.

371 **Malte.** *Jean de la Valette.* + F IOHANNES DE VALLETE M.HOSP. HIER. Écu écartelé. R℟. + PROPTER VERITATEM ET IVSTICIAM. Tête de saint Jean sur un plat. Pièce de 4 tari. Arg. TB.

372 Deniers de : Bordeaux, Troyes, Provins, Nevers, Sancerre. 10 p.

373 Deniers de : Gien, Souvigny, Poitiers, Provins, Provence, Bretagne. 16 p.

374 Deniers, gros, blancs, etc. 38 p.

375 Deniers, blancs, gros tournois. Lyon, Perpignan, Bretagne, Avignon, etc. 55 p.

ÉTRANGÈRES

376 **Suisse.** *Berne.* MONETA NO BERNENSIS. Ours à gauche ; au-dessus, double aigle. R℟. + PERCH.E.ZERINS : CONDIT. Croix cantonnée. Dicken. Arg. TB.

377 Monnaies suisses diverses. Arg. et billon. Lucerne, Berne, Soleure, Bâle, Lausanne, etc. 16 p.

378 **Allemagne**. *Brisach*. ✠ MONETA NOVA BRISACHIENSIS. Écu de Brisach, au-dessus, la date 1549. R⫝. ✠ DOMIME.CON-SERVA.NOS.IN.PACE. Aigle. Thaler. Arg. TB. Rare.

379 *Wismar*. MONETA NOVA WISMARIEN. Saint Laurent debout, tenant le gril et une palme. Au-dessous, l'écusson de la ville. R⫝. (colombe). SPES.NOSTRA.IN.DEO.1552. Écu mi-parti de Mecklembourg-Wismar, brochant sur une croix pattée coupant la légende. Arg. thaler. TB. mais quelques défectuosités dans le flan.

380 *Constance*. Teston et divisions. Argent et billon. 10 p.

381 *Ulm*. Obsidionale fr. par les Impériaux. 1704. Arg. Florin carré.

382 **Pays-Bas**. *Florent V*. TVRONVS CIVIS. Châtel tournois, bordure de lis. R⫝. FLORET'COMES. Croix, légende extérieure. Gros tournois. Arg. TB.

383 *Hornes*. Philippe de Montmorency. Saint Martin à cheval, donnant la moitié de son manteau à un pauvre. R⫝. Écus accolés de Montmorency et de Hornes. Thaler. Arg. TB.

384 **Italie**. *Bologne*. PIE IV. Giulio. Arg. TB.

385 *Desana*. Delfino Tisone. Giulio. Billon. AB. Rare. 2 p. Imitation du gros de Nesle d'Henri II.

386 *Asti*. Cavalotto. Arg. TB.

MÉDAILLES ET JETONS

387 **Louis XIV**. Médaille du sacre. Buste couronné, à dr. R⫝. Vue de Reims. Arg. 36 mm.

388 Commencement du règne, 1643. — Prise de Trin et de Pont de Sture, 1643. 2 p. — Prise de Gravelines, 1644. — Prise de trente villes. Ens. 5 p. 41 mm. Br.

389 Bataille de Liorens et prise de Balaguier, 1645. — Prise de Roses, 1645. — Prise de Dunkerque, 1646. — Prise de Piombino et de Portolongone, 1646. — Prise de Condé, 1676. Ens. 5 p. Br. 41 mm.

390 Prise de Luxembourg, 1684. — Remise aux Espagnols des contributions dues, 1684. — Révocation de l'édit de Nantes, 1685. — Le Pont Royal, 1685. — Soumission de Gênes, 1685. Ensemb. 5 p. Br. 41 mm.

391 Extinction de l'hérésie, 1685. — Libéralité du Roi dans ses

voyages, 1685. — Ambassade siamoise, 1686. — Guérison du Roi, 1687. — Maison royale de Saint-Cyr, 1687. Br. Ens. 5 p. 41 mm.

392 Festin à l'hôtel de ville, 1687. — Campagne du Dauphin, 1688. — Prise de Campredon, 1689. 2 p. — Jacques II réfugié en France, 1589. Br. 5 p. 41 mm.

393 Bataille de Staffarde, 1690. — Prise de Nice, 1691. — Combat de Steinkerque, 1692. — Bataille de Nerwinde, 1693. — Bataille du Ter, 1694. Br. Ens. 5 p. 41 mm.

394 Prise de Gironne, 1694. — Prise de Dixmude et de Deinsac, 1695. — Mariage du duc de Bourgogne, 1697. — Paix de Ryswick, 1697. — Hommage du duc de Lorraine, 1699. Br. Ens. 5 p. 41 mm.

395 Union de la France et de l'Espagne, 1700. — Chambre de Commerce, 1700. — Départ du roi d'Espagne, 1700. — Chambre de Commerce de Rouen, 1703. — Prise de Nice, 1706. Br. Ens. 5 p. 41 mm.

396 Chambre de Commerce de Bordeaux, 1706. — Prise de Barcelonne, 1712. — Paix d'Utrecht, 1713. Br. Ens. 3 p. 41 mm.

397 Naissance du Roi, 1638. — Prise de Roses, 1645. — Retour du Roi à Paris, 1652. — Campagne de 1667. — Ambassade siamoise, 1686. — Louis XV et le Régent, 1715. Br. Ens. 6 p. 41 mm.

398 **Louis XV.** Monument de Louis XIV, 1763. Br. 72 mm.

399 Abolition de l'Esclavage, 1770. Br. 62 mm.

400 Victoire sur l'Angleterre, 1768. Br. 62 mm.

401 Prix de l'Académie de sculpture de Dijon. Br. 36 mm.

402 Le comte de Lautree. Méd. de Dassier. Br. 54 mm.

403 **Louis XVI.** Sacre du Roi à Reims. Arg. 34 mm. Jolie méd.

404 SACRE DU ROI LOUIS XVI, 1775, dans une couronne. Br. 40 mm. percée.

405 Marie-Antoinette, Louis XVI, Révolution. Ens. 4 p. Br.

406 **République et Empire.** Conquête de la Basse Égypte, l'an VII. 32 mm. Arg.

407 Proclamation de la nouvelle constitution italienne, 1802. Méd. de Mercié de Lyon. Br. 47 mm.

408 Méd. de 1769 et 1796. Br. 2 p.

409 Au docteur Sacco de Milan, professeur de médecine et de chirurgie, 1802. Br. 55 mm.

410 La Suisse pacifiée et réorganisée, 14 avril 1803. Br. 45 mm.

411 Xavier Bichat. Société médicale d'émulation de Paris, 1807. Br. 27 mm.

412 La Dalmatie conquise, 1806. Br. 41 mm.

413 Fêtes du couronnement, an XIII. Br. 41 mm.

414 Mariage de l'empereur, 1810. Arg. 36 mm.

415 École des mines du Mont Blanc. Arg. 41 mm.

416 Buste d'Esculape. R⃰. Prix de clinique interne fondé par le baron Corvisard ; faculté de médecine de Paris, 1810. Br. 40 mm.

417 Au soulagement de l'humanité. Serpent enroulé à une cornue. Méd. de Denon. Br. 36 mm.

418 Méd. au buste de J. Necker, offerte à la Nation par Duvivier. Br. 41 mm.

419 Méd. au buste de Silvain Bailly, offerte à la Ville par Duvivier. Br. 41 mm.

420 Méd. concernant Napoléon. Arg. et Br. 8 p.

421 **Louis XVIII à nos jours.** *Louis XVIII et Charles X.* Leurs têtes accolées, à g. R⃰. Mercure et la Justice recevant des mains de la Ville de Paris la clef du Palais de la Bourse et du Tribunal de Commerce ; au fond, vue de la Bourse. Arg. 68 mm. Poids : 184 gr.

422 Louis-Philippe, Charles X, Louis XVIII, Henri V. Ens. 9 p. Br. 3 p. Arg. Ens. 12 p.

423 Baptême du comte de Paris. Arg. 41 mm.

424 Charles Ferdinand de France, duc de Berry. R⃰. Entre le dépt du Nord et moi c'est à la vie et à la mort, 1815. Arg. 41 mm.

425 Louis-Antoine, duc d'Angoulême. Son buste, à g. R⃰. PRISE DE CADIX. Le duc à cheval couronné par la Victoire. Arg. 41 mm.

426 Henri de France et Marie-Thérèse-Béatrix de Modène. Méd. de mariage. Arg. 10 mm.

427 Marie-Thérèse-Béatrix, comtesse de Chambord. Arg. 10 mm.

428 Méd. au buste de Henri V. Arg. 36 mm.

429 La Parole est à la France et l'heure est à Dieu. Buste de face de Henri V. Arg. 38 mm.

430 Petite méd. au buste de Marie d'Orléans, duchesse de Wurtemberg. Arg.

431 Sc. de Dreux-Brézé, pair de France. Br. 25 mm.

432 *Napoléon III et divers.* Arg. Br. Étain. 13 p.

433 Méd. ovale au buste du pape Paul II.

434 Méd. au buste de Horace Fuscus.

435 Grande méd. d'argent fr. à l'occasion de l'inauguration à Marseille de la préfecture des Bouches-du-Rhône, en 1864 Mod. 90 mm. Poids : 379 gr. Rare.

436 Union des sociétés de gymnastique de France. Belle méd. de Dubois. 58 mm. Arg.

437 Syndicat pomologique de France. R℣. La cueillette des pommes. Arg. doré. Jolie méd. 48 mm.

438 Prix d'exposition canine. R℣. L'apparition à Saint-Hubert. Arg. doré. 44 mm.

439 Association amicale des Enfants du Nord. Soc. la Betterave. Arg. 36 mm.

440 La musique. R℣. Concours musical de Clamart. Méd. du Jury. 40 mm. Arg. Très jolie méd.

441 La musique. Concours musical d'Asnières, méd. du Jury. Arg. 44 mm. Très belle méd.

442 Société d'escrime et de tir. Arg. 41 mm. Jolie méd.

443 Prix de concours de tir offert par le Lieutenant Colonel Guérin, député. Arg. 50 mm. TB.

444 Prix de Tir de la Société du 17e régiment territorial d'infanterie. Arg. 44 mm.

445 Société de tyr de Lyon. Arg. 40 mm.

446 Lyon. Prix du grand concours régional de tir en 1885. Arg. 50 mm.

447 Société des amis des arts de Lyon. Arg. 33 mm.

448 Méd. du 50e anniversaire de la fondation de la Cie Le Phénix. Arg. 41 mm. Jolie méd. de Dubois.

449 Prix de gymnastique, offert par le ministère de la guerre. Arg. 50 mm. Belle méd. de Dubois.

450 Concours agricole du Loiret en 1859. Arg. 36 mm.

451 Comité de propagation des produits hygiéniques. R℣. Neptune et Amphitrite. Br. doré. 68 mm. Jolie méd. de Rivet.

452 Grande méd. sur la mort de Gustave Adolphe. Le Roi étendu, les mains jointes, couvert de l'armure et du manteau royal, la couronne sur la tête, au-dessus de lui, des anges montent et descendent sur des nuages, 1634. Arg. 78 mm.

453 **Décorations et insignes.** Flobertistes de Pierrefitte. 5ᵉ prix. Bélière. Arg.

453 *bis* XVIIᵉ siècle. Saint André sur la croix. Br. et émail. Rare.

454 Méd. de Crimée, avec ruban et barette. Arg.

455 Campagne d'Italie, avec ruban. Arg.

456 La même sans ruban. Arg.

457 L'expédition du Mexique. Arg.

458 Campagne du Dahomey. Arg.

459 Médaille coloniale. Arg.

460 Campagne de Madagascar avec barette. Arg.

461 Hôpital général, 1661. Étain.

462 Insigne des officiers porteurs de sel de Paris, 1777. Cuiv.

463 Loterie royale de France. Cuiv.

464 Usager de Fontainebleau. Cuiv.

465 *Angers?* JVRIDICTION DE CHAPITRE. Trois clefs et trois lis alternés en deux lignes. Plaquette. XIVᵉ siècle.

465 *bis* Insigne franc maçonnique. Arg. et strass.

470 **Charles le Bel.** Le roi debout sous un portail accosté de deux fleurs de lis. ℞. PAR AMOURS SUI DONE. Croix fleurdelisée dans un quadrilobe. Cuiv. TB. Rare.

471 **Henri II.** VIVE LE ROI ET SON ALIENCE (*sic*). Champ semé de lis et de croissant. Cuiv. B.

472 *Chambre des monnaies.* HENRICO SECUNDO REGNANTE. Le roi assis sur son trône. ℞. CURIA MONETARUM FRANCIE. Grande croix fleurdelisée et semée de lis. Cuiv. TB.

473 *Méreaux de 12 deniers.* MONETA ANIVERSARIORUM. Grand A couronné entre deux lis. ℞. REQUIESCANT IN PACE. Au centre, XII. Cuiv. B.

474 **Henri IV.** INVICTISSIMO . PRINCIPI . HENRICO . 4. Buste du roi de trois quarts, à g. ℞. 1600. EXITVS . ACTA . PROBAT. Ville assiégée par terre et par mer. Arg. B. Très rare.

475 **Louis XIII.** *Conseil du Roi.* 1621. SPLENDIDIOR MOTV. Diamant taillé. Arg. TB.

476 1622. Dextrochère soutenant une couronne avec une épée. Arg. TB.

477 1636. HAEC META LABORVM. Dextrochère tuant un dragon. Arg. TB.

478 1637. VIRTVTI SUBDIT VTRVMQVE. Arc et carquois sous une couronne. Arg. TB.

479 **Louis XVI.** *Conseil du Roi.* 1645. NOSTRIS . PARS REDDITA . TERRIS. Plan de la forteresse de Gravelines. Arg. B.

480 1648. DAT.GAUDIA.REDDITVS ORBI. Soleil se levant dans la
mer. Arg. TB.

481 1650. HAEC REQVIES MEA HIC HABITO. Pont. Arg. TB.

482 1662. REGIT.VNICVS OMNES. Sphère. Arg. TB.

483 *Bâtiments du Roi.* 1701. Vue du château de Saint-Cloud.
Arg. B.

484 1705. ET CORLUM ET TERRAS SPECTAT. Le soleil éclairant deux
globes ; dessous, GLOBES.POSES.A.MARLY. Arg. TB. Rare.

485 1706. SERVAT ET ORNAT. Les bassins de Neptune du parc de
Versailles. Arg. TB. Très rare.

486 *Ordinaires des Guerres.* 1703. QUIS IMPUNE LACESSET. Porc-
épic. Arg. TB.

487 1705. QUAM FORTI PECTORE ET ARMIS. Minerve. Arg. TB.

488 *Trésor Royal.* 1675. DATA MUNERA REDDO. Fleuve se jetant
dans la mer. Arg. TB.

489 **Louis XV.** Sacre du roi à Reims, en 1712. Arg. TB.

490 Buste de Louis XV. R⋌. Buste du Régent. Arg. TB.

491 *Extraordinaire des guerres.* 1743. Pont rompu. Arg. TB.

492 1750. Arc et carquois accrochés à un arbre. Arg. TB.

493 1754. Hommes nus s'exerçant à la lutte. Arg. TB.

494 1769. Femme liant les jambes de Mars. Arg. TB.

495 1772. Laboureur armé à côté de sa charrue. Arg. TB.

496 *Ordinaires des guerres.* 1753. Castor et Pollux. Arg. TB.

497 *Trésor royal.* 1750. Drague. Arg. TB.

498 *Écurie du roi.* S.D. Cheval, à dr. Arg. TB.

499 Victoires de Wessel, Oswego, Portmahon. Quatre camps.
A l'exergue, EXPUG.S^TI.DAVIDIS ARCE SOLO AEQUATA. Arg.
1780. Très rare.

500 **Louis XVI.** *Bâtiments du Roi.* 1756. Façade du Louvre.
Arg. TB.

501 Compagnie des mines de fins et de Royant. Cuiv. TB.

502 *Consulat.* LIBERTÉ ÉGALITÉ dans une couronne de chêne.
R⋌. IUSTUM RECTUMQUE TUETUR. La Justice tenant un
glaive et une balance. Arg. FDC.

503 **Catherine de Médicis.** CATHARINA.D.G.FRANCOR REGINA.
Ecu parti de France-Médicis couronné. R⋌. ARDOREM
EXTINTA TESTANTUR VIVERE FLAMMA. Larmes et flammes.
Arg. TB.

504 **Isabelle,** *veuve de Charles IX.* YSABEL.E.P.L.G.D.DIEU ROYNE
DOUAIRIERE DE FRANCE. Écu couronné à ses armes.

R⟑. REGNAT.DEVOTA.DEO.MENS 1585. Colombe s'envolant au ciel, où l'on voit une couronne environnée d'étoiles. Arg. FDC. Très rare.

505 **Marie-Thérèse d'Autriche.** TRESORERIE DE LA REYNE. Écu couronné entre deux palmes. R⟑. 1664. GAUDIA.MAGNA FOVET. Aigle couvant son petit. Arg. TB. Très rare.

506 **Marie Leczinska.** 1729. VOCABITVR HIC QVOQVE VOTIS. Autel allumé chargé d'un dauphin. Arg. TB.

507 1743. MICAT IVTER OMNES. Le firmament. Arg. FDC.

508 1744. EX VIRTVTE DECVS. Clefs suspendues. Arg. TB.

509 1751. MATA CORONIES PROGENIES. Arbrisseau. Arg. TB.

510 1754. TOT LILIA AB UNO. Trois lis. Arg. TB.

511 1758. QUOT AB UNO LUMINE SOLES. Le Soleil dardant ses rayons sur un diamant taillé. Arg. FDC.

512 **Marie-Antoinette.** MARIE ANT.SOS.S.REINE.DE.FR.ET.DE. NAV. Son buste, à dr. R⟑. MAISON DE LA REINE. Écus couronnés de France et d'Autriche. Cuiv. TB.

513 *Anne-Marie-Christine de Bavière*, dauphine, 1689. CHARA IOVI NATOQUE IOVIS. Arbre. Arg. AB.

514 *Marie-Adélaïde de Savoie*, duchesse de Bourgogne, 1707. SPES NOVA. Rayons solaires sur un arbre. Arg. TB.

515 *Élizabeth-Charlotte d'Orléans*, 1715. La Duchesse et ses enfants. Cuiv. TB.

516 *Marie-Josèphe de Saxe*, dauphine, 1736. LAUDATUR SIMILI PROLES. Nid d'aigles. Arg. TB.

517 1737. NOVVM EX PROLE DECVS. Arbre et arbrisseaux. Arg. TB.

518 1749. MAGNI SPES VNICA RVRIS. Arbre en fleurs. Arg. TB.

519 1758. QVATERNO SIDERE FELIX. Planètes et satellites. Arg. TB.

520 *Marie-Thérèse d'Espagne*. MARIA THERESA DELPHINA. Buste, à g. R⟑. 1746. PATRIO SUB SYDERE CRESCVNT. Deux lis sous le soleil. Arg. TB. Très rare.

521 **Particuliers.** ✠ pour : bien. geter : et : désgiter ✶ Écu en losange chargé de neuf hermines et accosté de quatre rosaces. R⟑. ✠.fault : bien : entendre : et : po : parler. Écu portant un croissant chargé de sept hermines ; une croisette au-dessus du croissant ; le tout brochant sur une croix feuillue. TB. Arg. De la plus grande rareté. *Voyez la planche.*

« Cet intéressant jeton, très probablement unique et de l'époque de Charles VII-Louis XI, ne le cède en rien comme rareté aux plus rares jetons de feu le baron Pichon, et seuls deux ou trois exemplaires de cette célèbre collection peuvent lui être comparés.

« L'écusson à la différence près de la croisette semble être celui de la famille Porte, de Nantes. »

522 *Jean de Droguet, général des monnaies du Dauphiné.* I. DE DROGUET.GNAL.MONETAR D DELPH. Écu de Droguet. R⁂. OU NOUS SOMMES. Croix feuillue et ornée, cantonnée du millésime 1551. Cuiv. TB. Très rare.

523 *Antoine de Bourbon*, duc de Vendôme. Griffon. Cuiv. B.

524 Écus de Rapioult et de Saint-Yon. 1756. Cuiv. TB.

525 *Nicolas Gencian.* Ses armes, 1583, TB. — *Pierre Monet*, général des monnaies. Ses armes. Cuiv. Ens. 2 p.

526 *Charles de Bourbon*, cardinal. Ses armes. S D. Cuiv. TB.

527 *Barillon* et sa femme R. d'Amoncourt. Sans légende. Écu de Barillon. R⁂. Sans légende. Écu de R. d'Amoncourt. Arg. TB. Très rare.

528 *Henri d'Orléans*, duc de Longueville. HENRY D'ORLÉANS, DVC DE LONGUEVILLE. Ses armes. R⁂. 1657. PRIMITIAS FLORVM.THEMIDI SYLVA DEDIT. Forêt. Arg. TB. et très rare.

529 *Marie de Rabutin-Chantal, marquise de Sévigné.* M. DE RAB CHA MARQUISE DE SÉVIGNÉ. Son buste, à dr. R⁂. SERVABIT ODOREM. Rose attachée à une draperie ; dessous, M. 1696. Frappé à sa mort. Arg. TB. et très rare.

530 *Louis de Vermandois.* Amiral. Cuiv. 2 p.

531 *Louis-Alexandre, comte de Toulouse.* La lune éclairant les flots. 1718. Arg. TB.

532 *Bonnier de la Mosson*, maréchal de camp, trésorier général des États de Languedoc. Ses armes et monogrammes. Octogone. Arg. TB. Rare.

533 *Charles-Emmanuel, roi de Sardaigne.* Son buste, à dr. R⁂. 1734. DVCIT ET EXCITAT ASMEN. Abeille conduisant un essaim. Arg. TB.

534 *Le comte de Lautrec.* Son buste drapé, à dr. R⁂. LIEUTENANT GENERAL DES ARMÉES DU ROI. 1738. Ses armes. Arg. TB. Très rare.

535 *Barberini*, grand aumônier, 1656. Cuiv. TB.

536 *André-François Langlois*, conseiller d'État et intendant des finances. Ses armes. R⁂. 1763. Vue de la Monnaie. Octogone. Arg. TB. Rare.

537 *Gassin et Charlotte Dupuy de Digny.* Buste de Gassin. R⁂. Buste de Charlotte de Digny. Arg. TB.

538 Jeton de mariage de Joseph-Louis Fillon et de Joséphine Joussemet. Fontenay. 1858. Arg. FDC.

539 **Corps officiels, Institutions, Corporations, Clergé, etc.** *Syndics généraux*, 1737. Arg. FDC.

540 *Connétablie, Maréchaussée* de France. Arg. TB.

541 *Procureurs de la Cour*. 1713. La Justice et la Paix se donnant la main. Arg. TB.

542 *Syndics généraux des Rentes*. 1707. ASPECTU.SOLVITVR. Le Soleil dardant ses rayons sur l'Hôtel de Ville. Arg. TB. Rare.

543 *Conseillers du Roi*, agents de change. Femme tenant un miroir et un serpent; près d'elle, une caisse remplie d'argent. 1711. Arg. TB. Rare.

544 Le même, sous Louis XV. Arg. 1718. B. Rare.

545 *Conseillers du Roi* et notaires. Arg. FDC.

546 *Tribunaux* sous Bonaparte. SOCIETATIS PRAESIDIUM. La Justice debout. R⁄. Lion armé d'une massue défendant les tables de la loi. A l'exergue, AN III DU CONS 1801. Arg. TB.

547 *Collège de Pharmacie*. 1778. Coq et serpent. Arg. FDC.

548 *Académie de chirurgie de Paris*. CONSILIOQVE MANVQVE. Main couronnée entre deux serpents. A l'exergue. ACAD CHIR PARIS. 1723. Arg. FDC. Rare.

549 1751. COLIT ET COLITVR. Minerve assise; devant elle, un génie debout. Arg. TB.

550 *Paroisse de Saint-Gervais*. Buste de Louis XVI. à dr. R⁄. AMBO NOS VITA MARTHERIO ET LAVREA DOCENT. Les saints Gervais et Protais debout. A l'exergue, LES MARGUILLIERS DE Sᵀ GERVAIS. 1775. Arg. TB.

551 *Paroisse de Saint-Merry*. Buste de Louis XV, à dr. R⁄. MARGUILLIERS DE SAINT MERRY. 1754. Mitres, palmes, etc. Arg. TB.

552 *Paroisse de Saint-Cosme*. MARGUILLIERS DE SAINT COSME, en trois lignes. R⁄. SAINT COSME ET SAINT DAMIEN. Les saints debout, tenant chacun un saint ciboire. Arg. TB. Très rare.

553 *Paroisse de ? Confrérie du Saint-Sacrement*. CE COIN A ÉTÉ F DES DENIERS DE LA CONF. DU TEMPS. La sainte Trinité. R⁄. Mᴿˢ Sᵀ MARTIN PERRET BASSE ET.CAMET. 1712. Deux anges en adoration devant le Saint-Sacrement. Arg. TB. et très rare. *Voyez la planche*.

554 *Communauté des maîtres boulangers de Paris.* Buste de Louis XV. R⁄. Saint Honoré debout bénissant. Arg. TB.

555 *Communauté des barbiers perruquiers de Paris.* 1719. Saint Louis debout. Arg. TB.

556 *Taillandiers, Ferblantiers.* Buste de Louis XV. R⁄. 1746. TAILLANDIERS FERBLANTIERS. Ancres et lanterne. Arg. TB. Rare.

557 *Communauté des maîtres traiteurs.* Buste de Louis XV. R⁄. MATER CHRISTI. La Vierge et l'Enfant Jésus. A l'exergue, COMM. DES MAIT. TRAITEURS. 1757. Arg. TB.

558 *Marchands de vin.* Cartouche aux armes de la corporation. R⁄. Calice sur un autel. Arg. TB.

559 *Distillateurs.* Buste de Louis XV. à dr. R⁄. TOTVM IN SPIRITV IN CORPORE NIHIL. Saint Louis agenouillé regardant le Saint-Esprit descendant du ciel. A l'exergue, COMMVNAVTÉ DES DISTILLATEVRS Mᴰˢ D'EAV DE VIE. Arg. TB.

560 *Orfèvres.* Buste de Louis XV, à dr. R⁄. IN SACRA IN QUE CORONAS. Cartouche aux armes de la Corporation. A l'exergue, AVREFICES PARISIENCES. Arg. FDC.

561 *Payeurs de Rentes.* 1729. Château d'eau. Arg. TB.

562 *Jardiniers.* 1638. OMNIA TERRA QVIBVS. Corbeille de fruits. Arg. TB.

563 *Éclairage.* 1703. NOVUM EMICAT ORSA LABOREM. Le Char de l'Aurore. Arg. TB.

564 *Argenterie.* 1703. QVAM VARIO SPLENDORE MICAT. Arc-en-ciel. A l'exergue, ARGENTERIE. Arg. TB.

565 *Menus plaisirs de la Chambre.* 1703. REX NOBIS HÆC OTIA FECIT. Personnages faisant de la musique. Arg. TB.

566 1739. SUPERIS NON GRATIOR. USVS. Brûle-parfum. Arg. TB.

566ᵇⁱˢ *Invalides de la Marine* sous Louis XV. 1773. Arg. TB. Octogone.

567 *Préfecture.* LABOR OMNIBVS. La Seine couchée soutenant une ruche d'où s'échappent des abeilles. A l'exergue, PREFᴿᴱ DE LA SEINE. JETON DE PRÉSENCE AN. XIII. Arg. FDC.

568 *Provinces.* **Avallon.** Société mélophile, 1787. Arg. FDC.

569 **Bordeaux.** Administration municipale sous Louis XV. Arg. TB.

570 Chambre de commerce sous Louis XIV, 1706. Arg. TB.

571 **Bourges.** Écu chargé de trois moutons. Cuiv. B.

572 **Bourgogne.** 1694. FELICIBVS CONDOEI ET BORBONII AVSPICIIS. Écu de Bourgogne. R⁄. SECVRA DVABVS. Navire attaché par deux ancres. Arg. TB.

574 Jeton des États sous Louis XVI, 1776. Arg. TB.

575 Le même, 1779. Arg. TB.

576 Le même, 1782. Arg. TB.

577 Le même, 1789. Arg. TB.

578 JETTER SEVREMENT JETTER. Croix feuillue. R⹀. Même légende, trois briquets. — Jetons des Etats de 1639 à 1749, tous variés. Cuiv. 25 p. — Vicomtes Majeurs, élus, etc. de 1642 à 1772, tous variés. 35 p. Ens. 60 p. variées la plupart de très belles couvertures, quelques rares. Cuiv.

579 **Semur.** P.H.GUENEAU D'AUMONT.ÉCUYER, MAIRE DE SÉMUR-EN-AUXOIS ÉLU GÉNÉRAL DU TIERS-ÉTAT. TRIENTᵉ DE 1787 A 1790, en huit lignes. R⹀. COMITIA BURGUNDIÆ 1789. Écu de Bourgogne. Arg. TB. De première rareté.

580 *Dijon.* VICTOR AMEDÉE DE LA FAGE. Cartouche à ses armes. R⹀. 1722. NOBIS DVX IDEM SOLIQUE. Trois oiseaux guidés par l'étoile du matin volent vers le soleil levant. Arg. TB. Rare.

581 Rᵐᵘˢ D D ANDOCHIVS PERNOT ABB GEN CISTERCIENSIS. Écu d'Andoche Pernot, général de l'ordre de Cîteaux. 1746. Cuiv. FDC.

582 *Auxonne.* REGNANT.H.III.ROY DE FRAN ET DE POL.1583. Écu de France. R⹀. POUR LA VILLE D'AUXONNE. Ecu de la ville brochant sur quatre lis, dans un quadrilobe cantonné de lis. Cuiv. TB.

583 **Châlons-sur-Marne.** Buste de Louis XV. Jeton de l'Hôtel de Ville. Arg. TB.

584 **Chartres.** Jeton de la ville sous Louis XVI. Arg. TB.

585 **Givors.** Canal de Givors, 1784. Arg. TB.

586 **Languedoc.** Buste de Louis XIV. R⹀. 1685. COMITIA OCCITANIE. Écu couronné du Languedoc entre deux palmes. Arg. TB.

587 1750. SERA TAMEN RESPEXIT. La province assise, tenant une corne d'abondance et un laurier. Arg. TB.

588 1762. DONVM REGI AMORIS PIGNVS ET EXEMPLVM. Navire. Octog. Arg. TB.

589 Académie des Jeux Floraux à Toulouse. Buste de Clémence Isaure, 1754. Arg. FDC.

590 Année 1819. Arg. FDC.

591 Académie des Sciences et Belles-Lettres à Toulouse. Minerve casquée entre trois lis, dans un écusson très orné. R⹀. LABOR OMNIBVS NNVS. Ruche et abeilles. Arg. FDC. Rare.

592 **Lyon.** 1672. Jacques Cogniat, sieur de la Vavre, échevin de Lyon. Ses armes. Cuiv.

593 Léonard de Batheon, seigneur de Vertrieu, conseiller de la Cour des Monnaies de Lyon, et Bonne Pupil, sa femme. Cuiv. TB.

594 1783. NOBLE PHILIPPE.CHOIGNARD.AVOCAT.ÉCHEVIN DE LYON. Ses armes. R⃝. Armes de Lyon. Arg. TB. et très rare.

595 Porte de la Pradelle. Ses armes. R⃝. Armes de Lyon. Arg. TB.

596 Chambre de commerce. SD. R⃝. DVM CIRCVIT ORNAT. Soleil éclairant la terre. Arg. TB.

597 Chapellerie de la ville de Lyon. Arg. TB.

597 *bis* Affinages de Lyon. 1744. Cuiv. TB.

598 LEGE DVCE COMITE SVSTITIA. La Loi et la Justice debout. Jeton signé : Mercier, de Lyon. Arg. TB.

599 Agents de change. 1816. Arg. FDC.

600 1741. Société des arquebusiers. Arg. TB.

601 COMPie DE L'ARQVEBVZE DE VILLENEVVE DE LYON. Écusson de la ville. R⃝. SCOPVS OMNIBVS VNVS 1770. Deux arquebuses posées en sautoir et liées à une cible ; à l'exergue, PATRIÆ ET CONCORDIÆ. Arg. TB. Rare.

602 Conseillers de ville. 1756. VIRIS CONSVLARIBVS. Arg. TB.

603 **Marseille.** Jeton de la Chambre de commerce, 1775. Arg. Octogone. Coin de Gatteaux. Arg. TB.

604 **Nevers.** Jeton de 1688, de la fondation de Louis de Gonzague et Henriette de Clèves. Arg. TB.

605 **Provins.** SOCIETE D'AGRICVLTVRE SCIENCES.ET.ART.DE PROVINS. R⃝. Aigle sur un foudre. Arg. FDC.

606 **Reims.** *Université.* Jeton au buste de Charles de Lorraine, fondateur de l'Université. Arg. TB.

607 **Rouen.** *Chambre du Commerce.* FIRMATA CONCILIX COMMERCIA. Mercure assis ; à l'arrière-plan vue de la ville. Arg.

608 *Chambre des assurances.* DAT VINCERE FATA. Ancre et caducée en sautoir. 1742. Arg. FDC. Rare.

609 SOLO DEO.MINOR. L'Assomption. R⃝. SVOS AGNOSCIT ET FOVET. La vierge Marie montant au ciel en présence de quatre apôtres agenouillés, à l'exergue, SODALITAS B.V. MARIÆ IM ECCES ROTH. 1714. Arg. TB. Rare.

610 N.A.BIGOT DE SOMESNIL MILES MAS ROTHOM.EL. 1779. Ses

armes. R⟂. Armes de la ville. Octog. Arg. Coin de Gatteaux. FDC.

611 Jeton de cuivre de 1650. TB.

612 **Valence.** INSIGNIS VRBS VALENCIE. Armes de la ville. R⟂. s.
APOLINARI EPI VALENCIE. Saint Apollinaire, debout. Cuiv.
Très rare. AB.

613 **Vienne.** SANCTVS MAVRICIVS MARTIR. Buste du saint, à g. R⟂.
+ LI PRESEITERORVM VIENNE. Croix. Cuiv. TB.

614 Le même avec LIBRA CLERICORVM. Cuiv. usé.

614 *bis. Arquebusiers de Leyde.* Arg. 3 p. variées. TB.

614 *ter. Arquebusiers d'Utrecht.* Vin d'honneur offert par la ville.
Arg. TB.

615 **Du Consulat à nos jours.** Chambre des avoués du Tribunal
de première instance. Arrêté des Consuls du 13 frimaire
an 9. R⟂. 1802. MONÈT NE ARGUAT. La justice assise.
Octog. Arg. TB.

616 Autre de 1823. Arg. FDC.

617 Avoués près la Cour d'appel à Paris. La justice assise. R⟂.
VITAM IMPENDERE LEGVM STVDIO. Deux aigles soutenant les tables de la loi. Octog. Arg. TB.

618 Vaccination municipale de Paris, 1814. Arg. FDC.

619 Hospices civils de Paris. R⟂. Buste d'Esculape. Arg. FDC.

620 Société de médecine de Bordeaux. R⟂. Buste d'Hippocrate.
Octog. Arg. FDC.

621 Société de prévoyance des pharmaciens de la Seine.
Octog. Arg. FDC.

622 Compagnie d'assurances générales. 1818. Arg. Octog. FDC.

623 Approvisionnement de Paris. Octog. Arg. FDC.

624 Autre au buste de Sallonier. Arg. FDC.

625 Commissaires experts du gouvernement. Arg. FDC.

626 Chambre de commerce d'Alger. Arg. Octog. FDC.

627 Tribunal de Lyon. Arg. FDC.

628 Manufactures des glaces de Saint-Gobain. Octog. Arg.
FDC.

629 Chemin de fer de Paris à Orléans. Octog. Arg. FDC.

630 Chambres syndicales des tissus. Octog. Arg. FDC.

631 Caisse générale du commerce et de l'industrie. Arg. Octog.
FDC.

632 Compagnie générale de desséchements. Octog. Arg.
FDC.

633 Compagnie d'assurance Le Phénix. Octog. Arg. **TB.**
634 Chambre de commerce de Bordeaux. 1821. Arg. **FDC.**
635 Le même en 1826. Octog. Arg. **FDC.**
636 Caisse d'épargne de Bordeaux. Octog. Arg. **FDC.**
637 La bonne ville de Cambrai. 1822. Octog. Arg. **FDC.**
638 Société d'agriculture et de commerce de Caen. Arg. **FDC.**
639 Notaires de l'arrondᵗ de Chartres. Arg. Octog. **FDC.**
640 Notaires de l'arrondissement de Laon. 1831. Arg. **FDC.**
641 Notaires de l'arrondᵗ de Loches. Octog. Arg. **FDC.**
642 Notaires de l'arrondissement de Tours. Arg. **FDC.**
643 Notaires de l'arrondᵗ de Péronne. Octog. Arg. **FDC.**
644 Chambre des huissiers de Meaux. Octog. Arg. **FDC.**
645 Comice agricole de Seine-et-Oise. Arg. **FDC.**
646 Société scientifique du Bas-Rhin. Octog. Arg. **FDC.**
647 Société libre d'émulation de Rouen. Arg. **FDC.**
648 Société archéologique de Sens. Octog. Arg. **FDC.**
649 Chambre de commerce de La Rochelle. 1823. Arg. **FDC.**
650 Lot de jetons argent non catalogués.
651 Lot de jetons de cuivre.

MACON, PROTAT FRERES, IMPRIMEURS.

172

163

253

325

158

521

553

312

ÉTIENNE BOURGEY, Expert.

Imprimé en France
FROC021446060720
24425FR00006B/215